AF451799

Collection rationaliste

Dieu, l'Homme
et le
Singe

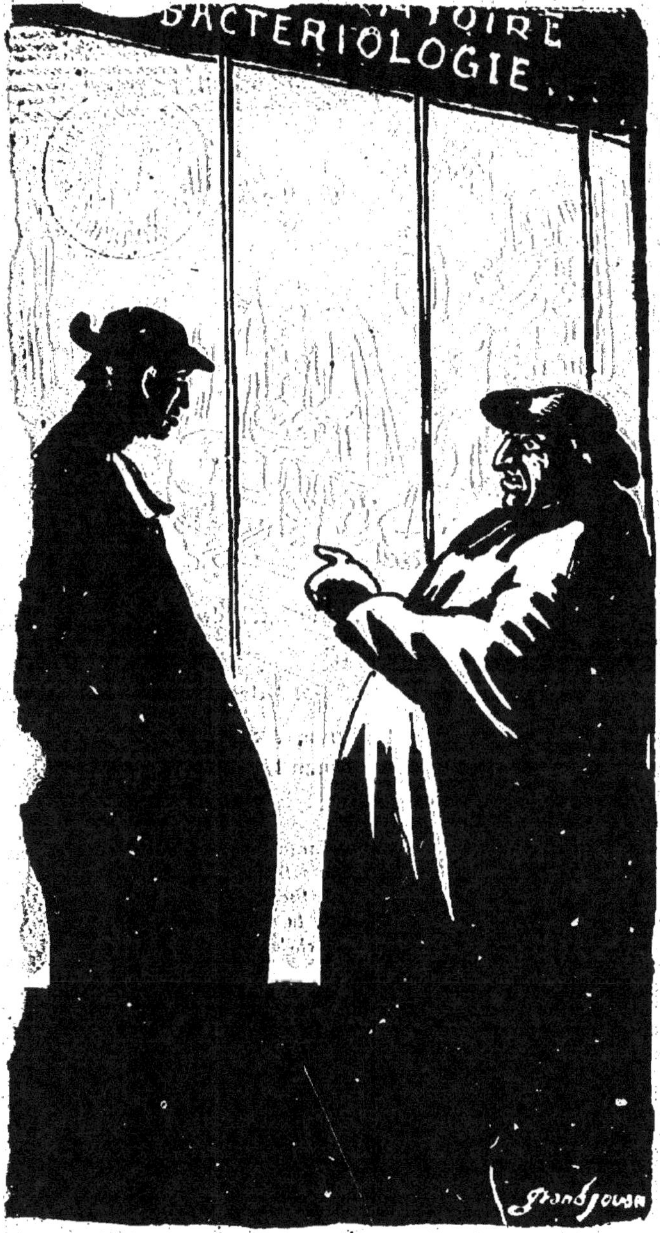

HUITIÈME MILLE

Prix : 0 fr. 60

LA
✦ RAISON ✦
✦ Société d'Éditions
✦ ✦ Littéraires
✦ ✦ Scientifiques
✦ ✦ Sociales.
✦ ✦ 1907 ✦ ✦

LIBRAIRIE DE LA RAISON
PARIS, 5, place de l'Odéon, 5

Librairie de LA RAISON

SOCIÉTÉ D'ÉDITIONS LITTÉRAIRES, SCIENTIFIQUES ET SOCIALES

5, Place de l'Odéon, PARIS-6e.

Collection rationaliste

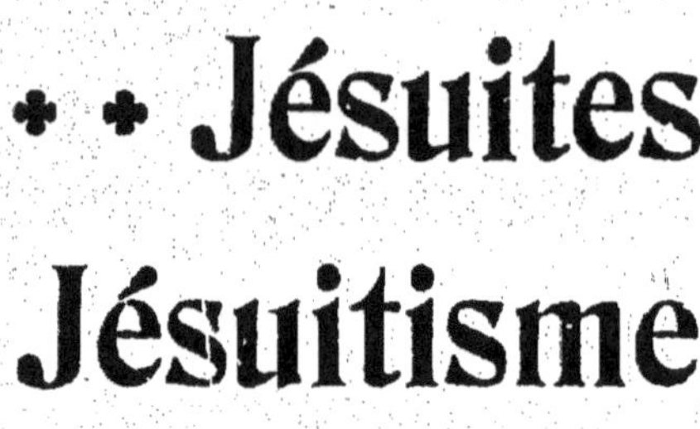

✦✦ Jésuites
Jésuitisme

PAR

Victor CHARBONNEL

❧

Dessin inédit de H.-G. IBELS

❧

14 dessins de :

Daumier, André Gill, Pasquin, Alfred Le Petit, Julio, etc.

❧

Origine musulmane des Jésuites. — Leur organisation secrète. — Les « Monita Secreta ». — État actuel de la Compagnie. — Michelet chez les Jésuites.

SIXIÈME MILLE

Prix : 1 Franc.

On sait que l'une des raisons pour lesquelles les évêques refusèrent la signature des contrats de bail avec l'État ou les communes pour la jouissance gratuite des églises, c'est leur prétention d'introduire les anciens moines dans le clergé séculier : éventualité que la République ne saurait accepter et contre laquelle des clauses de précaution durent être inscrites. C'est assez dire que peu à peu les Jésuites prendront la direction des paroisses et de l'action cléricale, d'autant plus que le recrutement du clergé séculier sera désormais fort amoindri. Il convient donc que nous ne perdions pas de vue les pires ennemis de la société civile et leurs menaces de retour.

Dieu, l'Homme et le Singe

Autres ouvrages de Victor CHARBONNEL

Les Mystiques dans la littérature présente,
1 vol. in-12 (Édition du Mercure de France,
1897) **3.50**

La Volonté de vivre, 3ᵉ édition, 1 vol. in-12
(Librairie Armand Colin) **3.50**
Ouvrage paru en 1897, avant la rupture de l'auteur
avec le catholicisme. Il faut le lire en tenant
compte de cette date de la première publication. —
Nouvelle édition (1904), sans aucun changement.

Monsieur, Madame et l'Autre. Histoire d'un
scandale, 1 vol. in-12 . . . .   **3.50**

Sensations de Vie, brochure in-12 (Librairie de
La Raison) **0.50**

Jésuites et Jésuitisme, avec un dessin inédit de
H.-G. IBELS et 14 dessins de DAUMIER, ANDRÉ
GILL, PASQUIN, ALFRED LE PETIT, JULIO, etc.
Origine musulmane des Jésuites. — Leur orga-
nisation secrète. — Les « Monita Secreta ». —
État actuel de la Compagnie. — Michelet chez
les Jésuites. 1 vol. in-12. Septième mille (Librai-
rie de *La Raison*). . . . .   **1 fr. »**

Histoire sanglante de l'Église. Impostures et
crimes. — 1. LES ORIGINES DE L'INTOLÉRANCE
CHRÉTIENNE, 1 vol. in-12 (Librairie de *La Raison*) **3.50**

La Vérité sur le Vatican, palais et caverne,
avec illustrations (Librairie de *La Raison*). .   **0.60**

Dieu, l'Homme et le Singe [1]

1. — On s'en moque.

L'Église, politiquement, a été séparée de l'État. Et vous n'avez point entendu dire que, pour une telle révolution, le peuple de France se soit ému. J'imagine que son calme tient à un secret détachement des choses de Dieu et des affaires des prêtres, à une profonde indifférence. « Il faut que l'Église de France pleure, a dit le pape Pie X. — Pleurez, a dit le peuple républicain. » Nos hommes de gouvernement ont cru, à leur coutume, et déclaré qu'un remarquable savoir-faire avait maintenu la paix dans la République, en des jours qui pouvaient être difficiles ; mais ils ont usurpé leur mérite. La paix, cette fois, ce n'est point l'habileté

(1) Parmi les ouvrages les plus récents, on devra lire, sur les questions de science philosophique qui font l'objet de cette étude : *l'Évolution de la Matière*, par Gustave Le Bon ; *l'Athéisme*, par Félix Le Dantec, chargé de cours à la Sorbonne ; *l'Ame et le Corps*, par A. Binet, directeur du Laboratoire de psychologie à la Sorbonne ; *la Descendance de l'Homme*, par Guillaume Bölsche, traduction de Victor Dave, et surtout *les Enigmes de l'Univers*, *l'Origine de l'Homme*, *Religion et Évolution*, par Ernest Haeckel.

d'un ministre qui nous l'a faite, c'est le dédain immense de la foule.

Auriez-vous donc pensé qu'il restât encore assez de foi pour susciter des révoltes pieuses, assez d'ignorance naïve pour donner raison aux encycliques de Rome? Non, certes. Peut-être garde-t-on quelque souriante indulgence pour ce déchet de religion qui s'exprime en des gestes, des rites, des traditions familiales et sociales ; mais on ne croit plus de la foi qui transporte les montagnes, les glaives et les gourdins. Soyez tranquilles : nous n'aurons pas de guerre religieuse. Un savant a demandé naguère « l'ataraxie absolue », ou l'insouciance, à l'égard des croyances et des Églises. Le peuple est dans cette ataraxie absolue. Disons tout simplement qu'il s'en moque.

]]. — Ce que l'homme jadis disait du singe.

En ce temps-là, l'homme élevait son âme à Dieu, puis regardait le singe. « Je ne suis pas, se disait-il, une pauvre bête sans âme, comme ce singe laid, indécent et qui n'a ni religion ni morale. Je suis l'homme, c'est-à-dire un être bien supérieur aux animaux, composé d'un corps et d'une âme, d'un corps qu'il faut humilier et meurtrir pour son animalité vicieuse, d'une âme qu'il faut sauver comme étant l'image de Dieu. Mon corps, fait de pourriture, retournera à la pourriture. Mais mon âme est immortelle. Non, je ne mourrai pas comme ce singe, bon à jeter au dépotoir. Je vivrai dans un autre monde, au ciel, au purgatoire ou en enfer, avec Dieu pendant toute l'éternité. Dieu ne m'a créé et mis en ce monde que pour y préparer ma vie dans l'autre. Misérables, ceux qui ne veulent pas comprendre! »

Voyant l'homme en une telle vanité et de tels soucis, les prophètes, les devins, les messies, les prêtres s'approchèrent et lui dirent : « O homme semblable à Dieu, presque l'égal de Dieu, combien tu es plus grand, en effet, que le singe et tous les animaux ! Mais, au-dessus de toi, plus près de Dieu encore et plus semblables à lui, il y a nous-mêmes, les prophètes, les devins, les messies, les prêtres, à qui furent révélés les secrets de l'autre monde et donnés les moyens de t'y conduire. Viens, suis-nous, et paie, comme de juste, notre peine. »

L'homme, durant de longs siècles, écouta la flatterie de ses prêtres, se complut en leurs promesses et les nourrit de ses dons. Si bien que le métier parut commode et fut âprement disputé. Les prêtres bientôt se divisèrent, entretinrent des chicanes sans fin, se firent des guerres furieuses, déchaînèrent des peuples innombrables les uns contre les autres, et dressèrent dans le sang des hommes les statues de divers dieux.

Le singe ne manqua pas de dire : « Quelle race stupide, celle des hommes qui s'égorge ainsi ! Ne feraient-ils pas mieux de prendre la vie comme nous, de manger, dormir, aimer, et de se passer de Dieu, cause de tous leurs maux ? »

.'.

III. — Mais il y a les prophètes et les prêtres.

Cette sagesse de simples bêtes devint la philosophie de nombre de mécréants. Ne pouvait-on pas, en effet, se passer de Dieu chez les hommes comme chez les singes? Qui avait tant parlé de son existence, de la manière dont il est fait, de l'œuvre qu'il a répandue dans les espaces, au ciel et sur la terre, de la vigilance qu'il exerce sur le monde du haut de ses nuages? Tout cela c'est l'histoire que content les prêtres. Mais ils se sont contredits avec tant d'assurance et de rage! Ce que dit l'un est détruit par l'autre ; les révélations de l'un sont anéanties par les impostures de l'autre. Auquel croire?

Tous pareillement prétendent détenir la vérité et se proclament infaillibles. Mais leur infaillibilité a besoin de la force. Ils le prouvent en faisant tuer ceux qui ne pensent pas comme eux. Quand ils parlent, c'est le fer du bras séculier qui enfonce leurs paroles dans la chair et dans le sang. La vérité donne des raisons et ne se sert pas des bourreaux. Jamais le géomètre n'a dit : Crois ou je te tue! Il lui a suffi de prouver.

Que sont au surplus ces prophètes et ces prêtres, même les plus vénérés? L' « honnête homme » du dialogue de Voltaire nous en dit son avis, qui est celui de tous les hommes de sens et d'esprit libre.

« Les prophètes, dit-il, ne sont pas moins révoltants pour qui n'a pas le don de pénétrer le sens caché et allégorique des prophéties. Il voit avec peine Jérémie se charger d'un bât et d'un collier, et se faire lier avec des cordes; Osée à qui Dieu commande, en termes formels, de faire des fils de putain à une putain publique, d'en faire ensuite à une adultère; Isaïe qui marche tout nu dans la place publique; Ézéchiel qui se couche trois cent quatre-vingt-dix jours sur le côté gauche, et quarante sur le côté droit, qui mange un livre de parchemin, qui couvre son pain d'excréments d'hommes, et ensuite de bouse de vache; Oolla et Ooliba qui établissent un bordel, et à qui Dieu dit qu'elles n'aiment que les membres d'un âne et le sperme d'un cheval. Certainement si le lecteur n'est pas instruit des usages du pays et de la manière de prophétiser, il peut craindre d'être scandalisé; et quand il voit Élisée faire dévorer quarante enfants par des ours, pour l'avoir appelé tête chauve, un châtiment si peu proportionné à l'offense peut lui inspirer plus d'horreur que de respect. » Tels sont pourtant les garants de Dieu devant le commun des hommes. En hébreu le même nom : *nabi* ou *roë*, désigne les prophètes et les fous; ce n'est point un injuste langage.

Et Moïse qui frappe les rochers à coups de bâton pour en faire jaillir des sources ? Et Jésus qui tantôt se fait transporter par le diable sur le haut d'une montagne, tantôt enferme une légion de diables dans le corps d'un troupeau de cochons, et qui sue de peur à l'approche de la mort ? Et Pierre qui tue Ananie et Saphire simplement parce qu'ils ne lui ont pas apporté en don tout le prix de leur champ ? Et tant de papes, d'évêques, de prêtres, de moines, imposteurs et bourreaux à travers les siècles ? L' « honnête homme » dit avec raison au caloyer : « Si Jésus a parlé de cette loi établie chez le Huron comme chez le Chinois : *Aime ton prochain comme toi-même* ; la loi des chrétiens a été : *Déteste ton prochain comme toi-même.* Athanasiens, persécutez les Eusébiens, et soyez persécutés ; Cyrilliens, écrasez les enfants des Nestoriens contre les murs ; Guelfes et Gibelins, faites une guerre civile de cinq cents années, pour savoir si Jésus a ordonné au prétendu successeur de Simon Barjone de détrôner les empereurs et les rois, et si Constantin a concédé l'empire au pape Sylvestre. Papistes, suspendez à des potences hautes de trente pieds, déchirez, brûlez les malheureux qui ne croient pas qu'un morceau de pâte soit changé en Dieu à la voix d'un capucin ou d'un récollet, pour être mangé sur l'autel par des souris, si on laisse le ciboire ouvert. Poltrot, Balthazar Gérard, Jacques Clément, Châtel, Guignard, Ravaillac, aiguisez vos sacrés poignards, chargez vos saints pistolets. Europe, nage dans le sang, tandis que le vicaire de Dieu, Alexandre VI, souillé de meurtres et d'empoisonnements, dort dans les bras de sa fille Lucrèce, que Paul III enrichit son bâtard des dépouilles des nations, que Jules III fait son porte-singe cardinal (dignité plus convenable encore au singe qu'au porteur) ; tandis que Pie IV fait étrangler le cardinal Caraffe, que Pie V fait gémir les Romains sous les rapines de son bâtard

Buon-Compagno ; que Clément VIII donne le fouet
au grand Henri IV sur les fesses des cardinaux
d'Ossat et Duperron. Mêlez partout le ridicule de
vos farces italiennes à l'horreur de vos brigan-
dages. »

Et Dieu lui-même, aussi exécrable en somme
que ces visionnaires, ces fous, ces pourceaux,
qu'il laisse agir en son nom ?

*
* *

IV. — Le Dieu qui, dit-on,
a fait le monde !

Dieu, dites-vous, a fait le monde.

Que ne l'a-t-il fait mieux ?... Comment ! les
misères, les maladies cruelles ou ignobles, les
accidents et les souffrances imméritées, la mort
stupide de l'enfant au berceau, le meurtre bar-
bare de l'ouvrier dans la mine, les crapuleries,
les crimes, les férocités innombrables, non moins
que les mensonges et les turpitudes de ses prêtres, toute l'horreur de la nature et de l'humanité,
c'est Dieu qui a fait cela, et il ne reconnaît pas la
malfaisance, l'abomination de sa besogne !

Monstre infâme !

Le monstre renouvelle, perpétue son infamie.
Ayant fait le monde, il pourrait le refaire. Que ne
le refait-il donc ? Mais non, il regarde, impassible,
la justice vaincue, l'iniquité triomphante ; il
regarde, tranquille, les travailleurs crever de

faim, les fainéants se gorger d'or et de ripailles, depuis des siècles.

O le pire des scélérats et des bourreaux !

.·.

V. — Son excuse est qu'il n'existe pas.

Mais le philosophe ancien avait raison.

Ou bien Dieu *peut* et *veut* changer le monde : alors, pourquoi le monde ne change-t-il pas ?

Ou bien Dieu *peut* et *ne veut pas* changer le monde : alors qui dira sa scélératesse ?

Ou bien Dieu *veut* et *ne peut pas* changer le monde : alors quel est ce grotesque fantôme de divinité qui n'a même pas la toute-puissance ?

Notre seule explication, son unique excuse est qu'il n'existe pas.

Si des croyants s'entêtent dans leur foi et, dédaignant notre raison trop raisonneuse, prétendent que Dieu, ne serait-il pas prouvé, se sent à l'âme et se révèle par des émotions mystérieuses, nous leur répondrons : « C'est bien possible ; vous sentez et nous ne sentons pas. Chacun est libre de sentir et de sentir à sa manière, ou de ne pas sentir. Gardez donc vos émotions pour vous et ne vous obstinez pas à les trouver de force chez les autres. »

S'ils ajoutent que nous faisons des ravages cruels dans la conscience et le cœur humain quand nous arrachons aux hommes, en même temps que la croyance, la consolation du recours à Dieu et de la prière, nous leur répondrons encore : « A quoi bon prier votre Dieu ? S'il existe, il a la parfaite intelligence, la souveraine volonté et la toute-puissance ; il sait bien ce qu'il veut, il le veut bien et il peut toujours le faire. Que sert d'aller lui dire : Que ta volonté soit faite ! puisque sa volonté sera toujours faite ? Que sert de s'agenouiller, de joindre les mains, de baisser les yeux dans l'humilité ou de les écarquiller dans l'ahurissement ? Il ne doit point être accessible à ces grimaces. Donner des avis, exposer ou rappeler des besoins à quelqu'un, c'est supposer l'ignorance, la négligence ou l'oubli. Mais Dieu ne saurait être sujet à ces faiblesses humaines. Prier, c'est amoindrir et injurier le Dieu que vous priez et qui n'a pas besoin que vous lui appreniez ce qu'il sait mieux que vous, ni que vous lui suggériez des desseins qu'il doit avoir, s'ils sont sages, avant vous. Certes, la misère et l'iniquité de la terre crient assez haut vers le Seigneur ; s'il n'y met point un terme, c'est que cela n'est pas dans son humeur, et votre prière n'y fera rien.

*
* *

VI. — Il n'y a pas eu de création. — La Matière et la Force sont éternelles.

Le croyant insiste. C'est entendu, les prophètes et les prêtres déshonorent Dieu ; toute la honte de la terre l'accuse : les hommes le prient en vain.

Mais encore, si mal fait que soit le monde, il a été fait, et il a bien fallu que quelqu'un le fasse.

Qui donc a fait le monde ?

Nous pourrions répondre que nous n'en savons rien, que nous prenons le monde tel qu'il est sans nous tourmenter l'esprit sur son origine, que la science chaque jour observe, note, coordonne des faits dans la nature et dans l'humanité, et en dégage des lois dont la connaissance est utilisable pour la conservation et le développement de la vie, que nous nous glorifions et nous félicitons de ces découvertes de la science, mais que nous n'allons pas plus loin et que pour le reste nous sommes *agnostiques*. Charmant état d'esprit, mol oreiller pour nos têtes que l'*agnosticisme* !

Mais on nous assure que la grande masse des humains est travaillée inéluctablement du *par qui*, du *pourquoi* et du *comment*, du *besoin d'explication*. Un meuble est fabriqué : qui l'a fabriqué ? Un meurtre est commis : qui l'a commis ? Le monde a été fait : qui a pu le faire ? Voilà la question invincible. Et nous reconnaissons bien qu'elle est, par suite de longues hérédités, dans la trame de notre caractère. C'est, chez tous les hommes, la *curiosité naturelle*.

Or, cette *curiosité naturelle*, ce *besoin d'explication*, est-il bien satisfait, quand on pose la question : « Qui a fait le monde ? » par cette réponse : « Dieu ! »

Les croyants, les théologiens, maints philosophes s'en sont contentés depuis de longs âges. Nous, quand nous sortons de la tranquillité *agnos-*

tique, c'est pour pousser plus profondément notre curiosité.

Nous disons : « Si Dieu a fait le monde, qui donc a fait Dieu ? »

Et voilà simplement la question déplacée, reculée d'un cran, non pas résolue. A un mystère, celui de l'existence du monde, nous en substituons un autre, celui de l'existence de Dieu.

Qui a fait Dieu ?... Mais remarquent aussitôt les croyants et les théologiens, vous demandez là une chose qui n'est pas à demander : *Dieu n'a pas été fait ; il a toujours existé.*

Alors, ô croyants et théologiens, pourquoi n'en dirions-nous pas autant du monde ?... Qui a fait le monde ? Ce n'est pas à demander. *Le monde n'a pas été fait ; il a toujours existé.*

Ceci n'est pas une réplique de hasard, une boutade. C'est la vérité scientifique, découverte par les recherches expérimentales des savants, établie par leurs travaux de laboratoire, admise sans contestation possible, en toute certitude. Il n'y a pas eu de *création du monde* par quelqu'un, de fabrication subite de la terre, des poissons, des oiseaux, de l'homme par Dieu, qui aurait fait surgir tout cela de rien. Il y a eu et il y a *constance ou conservation de la matière*, et *constance* ou *conservation de l'énergie*, qui a toujours existé, qui jamais ne se crée, jamais ne se perd, mais toujours se transforme. C'est le principe reconnu de tous : « Rien ne se crée, rien ne se perd, tout se transforme. » Le néant est impossible. Il ne se peut pas que de rien on fasse quelque chose, ni qu'on réduise quelque chose à n'être plus rien ;

on peut seulement de quelque chose faire autre chose, *transformer* la matière ou l'énergie.

Pour la science, non pas la science anticléricale ou antireligieuse, mais la science des savants, la matière ou l'énergie est éternelle ; elle a toujours été et sera toujours, sans limites ni dans le temps ni dans l'espace. Ses limites apparentes sont celles de ses *transformations* et de ses *modalités d'action*.

En vérité, donc, il n'y a pas eu de commencement pour le monde ; à travers l'infini des temps et des espaces, il a été toujours, et toujours en *devenir* ou en *transformation*. Si nous parlons du commencement du monde, si nous posons cette question : « Quelle est l'origine du monde ? » ce n'est pas dire que brusquement le monde ait été tiré du néant, créé et façonné en une forme précise et définitive. C'est seulement dire que l'histoire du monde, de son *devenir* ou de la transformation de la matière, de l'énergie, a laissé à un moment donné des traces et des témoignages plus visibles, qu'on a mieux constatés et qui marquent plus nettement un point de son existence.

A la place du Dieu de la théologie, éternel, infini, la science met la Matière, l'Énergie éternelle, infinie. Mais ce que la théologie affirme pour Dieu, la science le prouve pour la matière et l'énergie. Et ainsi devant le *besoin d'explication* qui est en l'homme, devant sa *curiosité naturelle*, Dieu est une réponse non seulement injustifiée, mais inutile. Nous en avons une bien meilleure.

Qui a fait le monde ? Personne, puisque le monde n'a pas été fait et qu'il a toujours existé.

VII. — La science affirme et prouve l'éternité de la Matière et de la Force. — Lois de Lavoisier et de Helmholz.

Cela demande quelques explications. En 1789, date d'une révolution scientifique non moins considérable que la révolution politique, le grand Lavoisier posa la loi fondamentale chimique de la *constance* ou *conservation de la Matière*, qui s'énonce ainsi : « LA SOMME DE MATIÈRE QUI REMPLIT L'ESPACE INFINI EST CONSTANTE OU SE CONSERVE TOUJOURS ÉGALE. » C'est-à-dire que lorsqu'un corps semble disparaître, il ne fait que changer de forme. Lorsque le carbone brûle, il n'est pas consumé, anéanti ; il se transforme, en se combinant avec l'oxygène de l'air, en acide carbonique gazeux. Lorsque la rouille « mange » le fer, ce n'est pas que le fer soit détruit ; il est transformé, par sa combinaison avec l'oxygène de l'air, en oxyde de fer hydraté. Et ainsi de toutes les combinaisons. La balance de précision des laboratoires de chimie, exactement, rigoureusement, prouve que dans le corps composé sont totalisés les poids des divers corps entrés dans sa composition. Pas un atome ne manque, rien n'est perdu, quelles que soient les combinaisons que l'on puisse tenter. Par une expérience inverse, si l'on décompose un corps formé par combinaison, on retrouve séparément le poids exact des corps qui avaient été employés à le former. Voilà ce que Lavoisier a établi, par une certitude scientifique, avec la balance. Jamais, nulle part dans la nature, nous ne voyons une nouvelle matière se produire, être « créée », s'ajouter à la matière déjà existante ; jamais, nulle part dans la nature, nous ne voyons une matière existante disparaître, s'anéantir. Ce n'est que des corps déjà existants que la chimie peut former d'autres corps : elle ne constate jamais *aucune création de la matière*, elle constate toujours son *absolue constance*. Des corps déjà existants, elle ne peut que former d'autres corps : elle ne constate jamais *aucune destruction de la matière*, elle constate toujours sa *conservation*.

La matière n'a donc et n'a jamais pu avoir ni commencement ni fin ; elle est éternelle, et seulement dans ses transformations et ses modalités, elle commence et finit d'être, mais non dans sa substance. Par la balance chimique, la preuve est faite de l'ÉTERNITÉ DE LA MATIÈRE, et, comme dit le grand Haeckel, tous les savants sont « si profondément convaincus de l'absolue constance (ou de l'éternité) de la matière, qu'ils ne peuvent plus même concevoir le contraire ».

Mais cette matière éternelle n'est pas seulement une masse, un poids, elle est une force ou énergie qui se meut, agit et vit. En 1789, par la balance de Lavoisier, la chimie fournit la preuve rigoureusement scientifique de la *constance*, de la *conservation de la matière*. En 1842, par les découvertes simultanées du médecin souabe Robert Mayer et du physiologiste Helmholz, la physique fournit la preuve rigoureuseusement scientifique de la *constance*, de la *conservation de l'Énergie*. Robert Mayer et Helmholz posèrent la loi fondamentale physique suivante : « La somme de force ou énergie qui agit dans l'espace infini et produit tous les phénomènes est constante ou se conserve toujours égale. » C'est-à-dire que lorsqu'une force ou énergie semble cesser d'agir, disparaître, elle ne fait que changer de forme d'activité. Lorsqu'une pierre lancée contre un mur s'arrête au heurt de ce mur, sa force de mouvement n'est pas anéantie; elle s'est transformée en chaleur et les deux pierres heurtante et heurtée sont devenues chaudes. Lorsque la vapeur d'eau s'échappe brûlante de la chaudière, sa force de calorique n'est pas anéantie; elle s'est transformée en mouvement, et ce mouvement fait marcher la locomotive et le train. Lorsque la même vapeur frappe un timbre, sa chaleur est transformée en mouvement qui détermine, par la vibration du timbre ou sifflet, les ondes d'air sonores qui viennent se heurter à notre tympan et, ébranlant le nerf auditif, constituent le son. Et ainsi de toutes les transformations des forces. Les merveilleuses expériences récentes des physiciens ont permis de transformer l'une en l'autre les diverses forces ou énergies de la nature : la chaleur devient mouvement; le mouvement devient son, ou lumière, ou électricité, et inversement. La somme, la quantité, la mesure de ces forces ou énergies, ou plutôt de cette force ou énergie unique diversement transformable, est toujours la même, constante. On ne peut rien y ajouter, rien y retrancher. Nulle parcelle nouvelle ne peut être tirée de rien, « créée »; ce n'est que des énergies existantes qu'on peut tirer, par transformation, d'autres modes d'énergie : la physique ne constate jamais *aucune création d'énergie*, elle constate toujours son *absolue constance*. De cette énergie existante en plusieurs formes, elle ne peut que tirer d'autres modes d'énergie : la physique ne constate jamais *aucune destruction d'énergie*, elle constate toujours sa *conservation*.

De même que la matière, la force n'a donc et n'a jamais pu avoir ni commencement ni fin; elle est éternelle, et seulement dans ses transformations et ses modes d'activité, elle commence et finit d'être, mais non dans son essence. Par les expériences de la physique la preuve est faite de l'ÉTERNITÉ DE LA FORCE.

Au reste, comme le remarque Haeckel, « les deux grandes doctrines cosmologiques : la loi chimique de la conservation de la *matière*, et la loi physique de la conservation de la *force*, forment un tout indissoluble; les deux théories sont aussi étroitement liées l'une à l'autre que les deux objets, la *matière* et la *force* (ou énergie). A beaucoup de philosophes et de naturalistes monistes, cette *unité fondamentale* des deux lois apparaîtra d'elle-même, puisqu'elles ne sont que deux aspects différents d'un seul et même objet, le *Cosmos*. »

*
* *

VIIJ. — L'Unité de substance éternelle dans la nature. — Dieu est inutile.

La matière et la force sont, en effet, ramenées par les savants actuels à une même notion, à l'unité. Il n'y a pas d'une part la matière, préexistante dans l'inertie, puis la force, d'autre part, qui s'y insinuerait et la mettrait en activité. Nous n'admettons pas la vieille formule de Virgile : *mens agitat molem, un esprit agite la masse.* Nous unissons l'esprit et la masse, la force et la matière dans un tout cosmique qui est la *substance*, unique et constamment en activité. Nous sommes *monistes.*

« Le premier penseur, dit Haeckel, qui introduisit dans la science la « notion de substance », terme tout *moniste*, et qui en reconnut la partie fondamentale, ce fut le grand philosophe Spinoza ; son ouvrage principal parut peu après sa mort précoce en 1677, juste cent ans avant que Lavoisier, au moyen du grand instrument chimique, la balance, démontrât expérimentalement la constance de la matière. Dans la grandiose conception panthéiste de Spinoza la notion du *Monde (universum, cosmos)* s'identifie avec la notion totale de *Dieu.* Cette *universelle substance* ou ce « divin être cosmique » nous montre deux aspects de sa véritable essence, deux *attributs* fondamentaux : la *matière* (la substance-matière infinie et *étendue*) et l'*esprit* (la substance-énergie comprenant tout et *pensante*). Toutes les fluctuations qu'a subies plus tard la notion de substance, proviennent, par une analyse logique, de cette suprême notion fondamentale de Spinoza, que je considère, d'accord avec Goethe, comme une des pensées les plus hautes, les plus profondes et les plus vraies de tous les temps. Tous les objets divers de l'Univers, que nous pouvons connaître, toutes les formes individuelles d'existence ne sont que des formes spéciales et passagères de la substance, des *accidents* ou des *modes*. Ces *modes* sont des objets corporels, des corps matériels, lorsque nous les considérons sous l'attribut de l'*étendue* (comme « remplissant l'espace ») ; au contraire, ce sont des forces ou des idées, lorsque nous les considérons sous l'attribut de la *pensée* (de « l'énergie »). C'est à cette conception fondamentale de Spinoza que notre monisme épuré revient après deux cents ans ; pour nous aussi la *matière* (ce qui remplit l'espace) et l'*énergie* (la force motrice) ne sont que deux attributs inséparables d'une seule et même SUBSTANCE. »

En parlant de cette *unique substance*, qui est et qui agit, les monistes actuels n'entendent pas constituer une nouvelle entité métaphysique et, à son sujet, reprendre les divagations ordinaires des métaphysiciens. Non, cette unique substance, ils la soumettent à la science expérimentale ; ils la mesurent, l'observent dans son activité ; ils en ont une connaissance relative, et n'affirment ou ne nient rien que dans les limites de cette connaissance.

Cela leur suffit pour contester aux croyants l'existence de leur Dieu. Vous mettiez votre Dieu, leur disent-ils, au sommet du monde, comme le grand ouvrier de cette œuvre ; vous en aviez besoin pour vos explications, pour une réponse à fournir à la curiosité naturelle des hommes. Or, nous montrons que l'on n'a plus besoin de lui, que le monde s'explique parfaitement sans cet ouvrier. « Où donc, dans votre système, reste-t-il place pour Dieu ? » demandait Napoléon au grand Laplace. « Sire, répondit le savant, je n'ai pas besoin de lui. » On n'a pas besoin de Dieu, on s'en passe ; il est inutile.

Et même il est encombrant : ne multiplions pas, disait la vieille scolastique, les êtres plus que de nécessité. La place de Dieu, infini, éternel, est prise par la Matière et la Force, infinies, éternelles. Débarrassons-nous de ce personnage qui n'est pas de nécessité, qui est de trop dans le monde. Personne ne le regrettera.

**

IX. — La Matière pensante. — Il n'y a pas d'ame, puisqu'il n'y a pas de forme d'énergie en dehors des mouvements de la matière.

Nous ne dirons point comment l'unique substance, d'après les dernières théories de Haeckel et autres savants, comprend elle-même deux éléments, la

masse ou matière actuellement *pondérable*, et
l'*éther* ou matière qui a un poids, mais insensible
aux plus fines balances que nous possédons, et
pour cela dite *impondérable* ; comment cet
éther, sous forme de matière continue, remplit
tout l'espace cosmique ; comment les divers états
d'agrégat et de mouvement de la masse et de
l'éther constituent les divers corps répandus dans
la nature inorganique ou organique. Nous n'avons
point ici à exposer d'aussi glorieuses conquêtes de
la science, car les croyants peu à peu ont senti
la puissance de la vérité : ils ne résistent plus
quand nous expliquons scientifiquement le pro-
blème du monde des corps.

— C'est fort bien, disent-ils, pour la matière. Là
vos théories, vos lois chimiques et physiques ont
raison. Mais il y a la *substance immatérielle*, l'âme
avec sa conscience et sa volonté, le monde des
esprits, que la chimie et la physique ne peuvent
atteindre.

—Ah! il y a, dites-vous, une substance immatérielle que la chimie et la physique ne peuvent
atteindre ? Comment donc, vous, l'avez-vous
atteinte ? Par un sentiment, par une imagination,
par une révélation ou une suggestion religieuse.
C'est votre affaire à vous; c'est une expérience sub-
jective ou une illusion d'expérience. Que voulez-
vous que cela me fasse ? Gardez votre substance
immatérielle, votre âme pour vous. Moi je ne sens
rien de tel et vous n'avez aucun moyen de me prouver l'existence de l'âme en vous, en moi, de m'en
imposer la constatation. La science ne peut enre-
gistrer et attester que le connaissable. Pour elle,

le reste n'est pas. Or, selon la formule de M. Le Dantec, « *il ne se passe rien de connaissable à l'homme, sans que se modifie quelque chose qui est susceptible de mesure* ». L'âme, substance immatérielle, d'après vous, agirait sans se modifier de telle sorte qu'elle soit susceptible de mesure. Hommes de foi ou métaphysiciens spiritualistes, vous pouvez en parler ; scientifiquement, nous n'en parlons pas, car nous ne pouvons pas la soumettre à la mesure, condition absolue de la connaissance scientifique.

De toutes ces entités métaphysiques, « substance immatérielle, force vitale, volonté libre, toute-puissance divine », les savants se rient désormais, comme de vains fantômes. Cela n'a rien à voir avec la science critique, au dire de Haeckel, et ce grand penseur ajoute : « Ces erreurs absolues n'ont plus besoin aujourd'hui d'être réfutées ; car jusqu'à ce jour l'expérience ne nous a appris à connaître aucune substance immatérielle, aucune force qui ne soit liée à une matière, aucune forme d'énergie qui ne s'effectue pas au moyen des mouvements de la matière, soit de la masse, soit de l'éther, soit des deux éléments à la fois. »

Allons plus loin. Non seulement nous n'avons pas constaté une force, une forme d'énergie en dehors de la matière, et par conséquent nous n'avons pas à admettre qu'il y ait une âme. Mais encore nous avons constaté que certaines formes d'énergie, attribuées à la substance immatérielle par les croyants, sont tout simplement attribuables à la matière, et par conséquent nous avons, scientifiquement parlant, le droit de nier qu'il y ait une âme.

« Même les formes d'énergie les plus compliquées et les plus parfaites que nous connaissions, dit encore Haeckel, la vie psychique des animaux supérieurs, la pensée et la raison humaines, reposent sur des processus matériels, sur des changements dans le neuroplasma des cellules ganglionnaires ; on ne peut les concevoir sans cela... L'hypothèse d'une « substance âme », spéciale, immatérielle, est inadmissible. »

Et M. Le Dantec, de son côté, écrit : « Rechercher s'il y a dualisme (corps et âme) dans les phénomènes vitaux, cela revient à savoir si, dans un homme vivant, la pensée se produit sans correspondre à une dépense d'énergie chimique ou autre ; les dualistes le prétendent, mais comme ils n'ont jamais vu une âme penser sans être logée dans un corps, et que, d'autre part, le corps, pour rester vivant, doit consommer des aliments, il ne me semble pas que personne soit autorisé à dire que *l'homme pense sans dépenser*. Pour ma part, quand je pense, JE ME FATIGUE, et c'est là un phénomène chimique (qui se manifeste même par une modification des urines) ; je crois donc que la pensée correspond à un phénomène chimique, et qu'il y a équivalence entre de la pensée et du travail. »

Que la matière, dans certaines conditions organiques, puisse penser, est-ce là une affirmation si surprenante ? Les progrès admirables de la science biologique, en ces derniers temps, ont amené tous les savants à constater cette vérité, que les

animaux, au moins les vertébrés supérieurs, pos-
sèdent tout comme l'homme une énergie pensante
et une conscience. L'activité psychique et la
conscience des vertébrés les plus perfectionnés,
le singe et le chien, se rapprochent singulière-
ment de celles de l'homme. Non seulement les
sensations, les désirs sont les mêmes ; mais les
fonctions supérieures de la cérébralité, l'intelligence, la mémoire, la formation de jugements,
leur enchaînement en raisonnements, bref, la
pensée proprement dite et la conscience sont
identiques. Il y a, déclarent les savants, diffé-
rence dans le degré de pensée ; il n'y en a pas
dans la nature et la qualité de la pensée animale
et de la pensée humaine. Les animaux pensent
moins et moins bien ; l'homme pense plus et
mieux : c'est la même pensée. Voilà ce que la
science a établi. D'ailleurs, l'anatomie comparée
a reconnu la parfaite similitude de structure entre
le cerveau des vertébrés supérieurs et celui de
l'homme. La physiologie a noté que, chez ces vertébrés supérieurs comme chez l'homme, les états
de la conscience déterminent les mêmes modifications physiologiques et les mêmes réactions sur
les organes d'action externe ; on anesthésie les
animaux, on les endort, on les hypnotise, on leur
suggère des idées, des rêves, des désirs, par les
mêmes procédés dont on use envers l'homme. Si
les animaux pensent avec la matière, eux à qui
les croyants et certains dualistes refusent l'âme
pensante, l'homme, avec la matière aussi, peut
penser et la science atteste le fait avec certitude

X. — L'impossible immortalité.

Mais ici la science fait scandale pour les croyants et les dualistes spiritualistes : la matière pense ! les animaux, les singes, les chiens, pensent comme l'homme ! nous voici semblables, non plus à Dieu, mais aux singes et aux chiens !

Ce sont là des paroles de sentiment, de sotte révolte, dont la science n'a pas à connaître. Que vous en soyez fâchés, hommes de tant de foi et de tant de vanité, peu importe : la vérité n'en sera pas moins la vérité. Oui, vous êtes semblables aux singes et aux chiens.

Nous, les mécréants, nous ne sommes pas si fiers, ou notre fierté est autre. Nous n'avons point de honte d'être rapprochés de ces braves bêtes, les singes et les chiens, de voir dans leur organisme merveilleux une préfiguration, une préparation du nôtre ; de retrouver dans leur pensée et leur conscience des clartés de la nôtre. Ont-ils moins d'intelligence que nous ? Ils ont assurément moins de stupidité. Avec plus de raison, nous déraisonnons bien davantage. Et nous avons toutes sortes de méchancetés, de haines, de misères, que les braves bêtes ne connaissent pas. Il n'est pas de plus méchant animal que l'homme. Même pour parent, voisin et ami, nous aimons mieux le chien que certains parents, voisins et amis.

Le scandale est plus abominable encore, selon les croyants et les dualistes spiritualistes : alors, s'il n'y a que matière en nous et si nous sommes pareils aux bêtes, nous mourrons tout entiers, comme les singes et les chiens ! il n'y aura pas d'âme immortelle ! pas d'autre vie dans un autre monde !

Ce cri de scandale exprime un vœu touchant, mais qui manque de sagesse et de modestie. Toute sorte de gens prétendrait donc avoir des titres à l'immortalité, à vivre une autre vie dans un autre monde ! Qu'ont-ils tant fait dans cette vie, dans ce monde, pour vouloir encore vivre ? Ne suffit-il pas qu'ils aient passé ? En quoi importe-t-il à Dieu, à l'ordre de l'univers, à la splendeur et aux béatitudes du ciel, que les âmes de tant de dévots aillent prolonger, par delà la tombe, une existence dont, en deçà, on ne remarqua guère l'utilité ou l'agrément ? Du même droit qu'un Pasteur, un Renan, un Curie, un Berthelot, un Haeckel, la servante de curé voudrait avoir son immortalité. Pour quoi faire, mon Dieu !

— Mais, nous dit-on, pour atteindre enfin le bonheur, qui est un besoin de l'homme, et ainsi avoir un dédommagement des misères et des souffrances de la vie terrestre.

— Quel sera ce bonheur, ô pieuses gens ? L'Indien veut trouver dans l'autre monde des chasses de buffles et de tigres ; l'Esquimau, des glaces couvertes d'ours polaires et de phoques ; l'Arabe, un jardin enchanté avec de belles filles nues ; le Singhalais, de grandes rizières et des noix de coco en abondance ; le chrétien, des visions divines et des auditions d'une musique incomparable, plus douce encore que celle des orgues, versée par les anges en flots d'harmonie. Comment satisfaire ces divers besoins d'âmes diverses ?

Et quand les âmes auront obtenu tout cela un jour, plusieurs jours, pendant des années, des siècles, ne sera-ce pas devenu une pesante monotonie de béatitude, une anesthésie et une inertie lamentable, toute l'horreur de l'éternité ? Comment, avec cela, faire du bonheur ? Être heureux, c'est vivre ; vivre, c'est agir ; agir, c'est changer. Une béatitude immuable dans l'éternité, c'est la mort dans l'ennui.

D'autre part, le dédommagement d'un douloureux passage sur la terre, que les croyants voudraient obtenir dans un autre monde, est-il possible ? Les conditions d'existence risqueraient bien d'être les mêmes, puisque nous devrions retrouver là-bas, l'immortalité étant assurée à tout le monde, nos ennemis, nos envieux, nos persécuteurs, tous ceux qui déjà nous gâtaient notre vie terrestre. Le ciel nous paraîtrait vite insupportable, si nous y rencontrions certaines figures.

Ne nous faudrait-il pas, d'ailleurs, pour pouvoir nous dire immortels en toute tranquillité et assurance, savoir lequel de nos *moi* vivra l'immortalité, la vie éternelle ? L'enfant mort au berceau grandira-t-il, développera-t-il son intelligence, sa conscience ; deviendra-t-il homme, ou fera-t-il à jamais le rêve unique d'avoir toujours le sein de sa mère ? Le vieillard qui s'est affaissé dans le gâtisme, en restera-t-il éternellement à cette humi-

liante vieillesse, ou sera-t-il rajeuni dans la gloire ?
S'il nous arrivait de mourir amoureux, prolonge-
rions-nous, sans nulle fin possible, cet état de
folie ?

Rien, en vérité, n'est plus contraire aux conditions physiologiques et psychologiques de notre
être, que nos lamentables et risibles prétentions
à l'immortalité. D'un instant à un autre instant
nous cessons d'être les mêmes ; nous n'avons pas
en nous les mêmes éléments de matérialité, nous
nous renouvelons par le fait d'absorber des aliments et d'éliminer de la matière. Nos modes de
penser se succèdent pareillement ; nous nous
renouvelons par le fait de changer d'idées. Il n'y
a pas en nous de personnalité continue : la continuité de notre *moi* n'est qu'une illusion. A un moment je suis un assemblage de matière organisée
d'une certaine façon ; un moment après je deviens
un autre assemblage de matière organisée d'une
autre façon. La mémoire établit entre ces deux
états un rapprochement d'images qui nous donne
l'impression de la continuité, mais cette continuité n'existe pas. Nous mourons à chaque instant
de notre durée. Comment l'être qui n'a même pas
la continuité pourrait-il avoir l'immortalité, c'est-
à-dire une vie immuable, éternellement la même ?

Enfin notre être, nous l'avons établi, fait partie
de l'universelle matière, de l'universelle force qui
remplit l'espace infini. Il est soumis à ses lois,
emporté dans son évolution ; il ne peut pas s'abs-
traire, s'arrêter, s'immobiliser pour toute l'éternité à un stade quelconque d'évolution. Par la
nécessité des choses, il doit suivre les transfor-

mations du cosmos, grain de sable entraîné dans le mouvement de l'univers. L'immortalité, c'est-à-dire l'immobilisation éternelle de notre être dans un de ses états, serait une horreur dans la nature. Par la mort, nos éléments vont à une existence nouvelle, à une succession d'existences nouvelles, non pas à l'immortalité inerte, stagnante.

XI. — Serons-nous comme les blanches pierres des tombes ?

Au flanc de la colline, par les nuits claires, on voit surgir les blanches pierres des tombes derrière les murs du cimetière. Elles sont là, fantômes dans leur suaire de lune, immobiles, silencieuses. Le vent autour d'elles souffle, emportant à travers le village et les champs la vie respirable, les senteurs et les harmonies exaltantes. Des lumières s'allument, s'éteignent, animent les fenêtres, ou promènent sur les murs des figures, des gestes d'ombre et de clarté. Les pas des travailleurs qui s'étaient attardés à leur tâche, frappent le pavé des chemins. Mais rien de tout cela ne réveille les blancs fantômes du cimetière. Leur cœur de pierre est insensible au mouvement, à la vie qui les entoure.

Ne dirait-on pas une noble attitude d'immortalité bienheureuse ? Et voudriez-vous, ô croyants, que notre immortalité dans l'autre monde fût pareille

à l'inertie des blanches pierres sur les tombes,
tandis que l'univers entier continuerait à se mouvoir et à vivre?

.·.

XII. — La véritable foi, c'est la peur de mourir.

Non, certes, les croyants eux-mêmes ne deman
dent rien de tel : la vérité est que du fond de la
nature humaine, par la force de l'instinct de conservation, s'élève une négation invincible de ce
puéril mensonge de l'immortalité. Si les hommes
avaient une foi véritable au ciel, aux félicités
éternelles, à des délices sans fin et sans trouble,
ils s'y précipiteraient tous avec fureur; ils cour-
raient à la mort, au suicide, pour sortir en hâte
de cette vie lamentable et franchir le seuil de
l'autre monde, plein d'attirantes béatitudes. Mais
nous ne voyons rien de semblable. Les plus
croyants d'entre les hommes s'accrochent de tous
leurs âpres désirs à la terre.

Je me souviens d'un conte d'Auvergne. Une
vieille et sainte femme passait, en son village,
toute sa vie à faire ses dévotions. Elle priait,
offrait à Dieu sa pureté hors d'usage, faisait maigre
le vendredi et pénitence aux jours de carême.
Agenouillée devant son lit, chaque soir elle demandait à Dieu de la retirer de cette vallée de larmes
et de la recevoir dans son ciel, avec les anges et

les chérubins. Un jour, deux malandrins, enveloppés chacun d'un grand drap blanc, s'introduisirent dans sa demeure au moment des oraisons.

— Nous sommes, dirent-ils à la vieille, deux anges envoyés par Dieu. Venez avec nous au ciel ; il faut partir, Dieu vous l'ordonne. Mais auparavant faites une pieuse offrande. Où est votre sac d'écus, dans l'armoire ?

La bonne femme qui aurait dû se réjouir, pleura. Elle implora un délai :

— Mes bons anges, je n'ai que soixante-seize ans ! Je puis bien vivre quelque temps encore. Ma pauvre mère avait quatre-vingts ans quand elle est morte. Le bon Dieu ne peut-il m'accorder, à moi, quelques années, quelques mois, quelques semaines de plus.

— Mais, ma brave femme, dirent les compères, c'est vous qui avez demandé à partir. Le bon Dieu vous a entendue ; il est prêt à vous recevoir dans sa gloire, en l'autre monde.

— Ah ! misère de moi ! partir maintenant pour l'autre monde !...

Déjà ils la secouaient d'une main vigoureuse.

— Nous pouvons cependant, dirent-ils, retourner vers Dieu, lui exposer votre nouvelle prière, lui dire que vous avez changé d'idée. Mais faites au moins votre offrande pour les saintes œuvres, et Dieu vous en tiendra compte pour exaucer vos désirs : donnez un peu de votre bourse, il vous laissera la vie.

Les malandrins prirent les écus tirés de l'armoire, et la vieille remercia le bon Dieu, se trou-

vant fort satisfaite, même à ce prix, de ne pas
entrer tout de suite dans la béatitude éternelle.

L' « ascension du Tafi », dans le délicieux conte
d'Anatole France, n'est pas moins démonstrative.

Andrea Tafi était, à Florence, un peintre de
vierges et de saints, très pieux et fidèle à ses
oraisons. Il disait le soir dans son lit, avant de
s'endormir :

— Sainte Vierge, mère de Dieu, qui par vos
mérites avez été tirée toute vive au ciel, tendez-
moi votre main pleine de grâces, afin de me haus-
ser jusqu'au saint paradis où vous êtes assise dans
une chaise d'or.

Mais le Tafi avait pour disciples deux jeunes
Florentins, Buffalmacco et Bruno, fort moqueurs
et capables des plus méchants tours. Ils plantè-
rent une poulie à la poutre du plafond, y passèrent
une corde, attachèrent le lit du bonhomme aux
quatre coins, avec l'un des bouts bien dissimulé
sous les courtines, et firent tomber l'autre dans la
chambre proche. De là, quand le Tafi, allongé
dans son lit le soir, eut rabâché sa prière à la
sainte Vierge, les gais compagnons tirèrent la
corde. Le lit commença de s'élever. C'est la sainte
Vierge qui m'exauce, pensa le vieux dévot, et il
eut grand'peur.

— Arrêtez, arrêtez, Madame ! s'écria-t-il d'une
voix tremblante. Je n'ai pas demandé que ce fût
tout de suite.

Et il supplia Jésus de faire entendre raison à sa
sainte Mère.

Les plaisants laissèrent alors choir le lit, qui

se fracassa, et le vieux Tafi, qui préféra ses contusions dans ce monde à la béatitude dans l'autre.

Le lendemain, Messer Guido, joyeux épicurien, disait dans les rues de Florence :

— Par cela je discerne que le vieux Tafi ne s'assurait point en la promesse des joies célestes qui, aussi bien, sont peu certaines. Comme les nourrices font des contes aux enfants, on a semé des discours touchant l'immortalité des mortels. Le vulgaire croit qu'il croit ces discours, mais il ne les croit pas véritablement. Les coups de la réalité dispersent les mensonges des poètes. Il n'est de sûr que cette triste vie.

XIII. — Le Monde et l'Homme d'après la Science.

Les contes pour enfants, de la religion et de la métaphysique, sont donc dissipés par la science, par le bon sens: prophéties et révélations des prêtres, Dieu lui-même, l'âme, l'immortalité et ses béatitudes célestes. Chez les Siamois, les dévots chargent un cerf-volant d'inscriptions, de prières diverses, et ils l'envoient dans les airs, vers le ciel, persuadés que le Dieu Sammonocodom le recevra et déchiffrera leurs suppliques. De même, quand un croyant vient à mourir, on met un cerf-volant près de sa bouche, à portée de son dernier souffle, pour que l'âme, en s'exhalant, soit recueillie et emportée au séjour des dieux. Nous avons cru, nous aussi, au cerf-volant ou autres messages porteurs de prières à Dieu, et au voyage des âmes vers le ciel. Nous n'y croyons plus.

Qu'est-ce à entendre?... Que nous avons tout nié, tout détruit, tout saccagé dans les vieilles croyances, et que nous laissons le ciel vide, les espaces déserts, l'intelligence de l'homme dévastée et morne? Non, la science fait taire la foi, honteuse de ses puérilités, mais c'est pour parler à son tour, fière de ses grandioses certitudes.

Dans l'espace infini, de toute éternité, sans commencement ni fin, la matière ou la force est partout répandue. Ce n'est point le chaos, ce n'est point l'inertie. La matière ou la force, infinie, éternelle, est sans cesse en mouvement; elle se modifie et se transforme par une activité jamais interrompue. C'est l'évolution, qui forme le cosmos, dans ce cosmos les différents mondes et les différents êtres de ces mondes.

Le mouvement éternel, l'évolution cosmique s'accomplit en suivant des phases périodiques, des alternances de développements et de disparitions. Les mondes ne sont que des modifications passagères de la matière ou de la force. Ils surgissent pendant des millions **et des millions** de siècles, pour se répandre ensuite de nouveau dans l'infini et dans l'éternité.

Comment surgissent-ils? La matière, par la nécessité même de son mouvement éternel, se condense ou se contracte, et, par cette condensation ou contraction, constitue une infinité de centres, d'abord des atomes, puis de petits corps célestes, puis de plus 'grands corps. D'ailleurs, une « affinité élective », selon le mot de Goethe repris par Haeckel, entraîne les uns vers les autres ces éléments, provoquant des assemblages, des entassements, des mélanges et des combinaisons innombrables. C'est alors la *masse,* ou matière condensée et pondérable, tandis que l'*éther,* ou matière non condensée et impondérable, continue à remplir l'espace. L'une a pour fonction la pesanteur, l'attraction, la gravitation des mondes célestes, la chaleur latente ; l'autre a pour fonction le rayonnement et la transmission de cette chaleur, la lumière, l'électricité.

Mais les centres de matière condensée se meuvent et se meuvent encore dans l'infini du temps et de l'espace. Ils marchent les uns vers les autres pour former des corps célestes immenses. Par la force même de leur condensation et du mouvement éternel, ils sont emportés dans un mouvement de rotation, et vont, vont toujours, à l'infini. « Ils en viennent, dit Haeckel, à s'entrechoquer Les sommes inouïes de chaleur produites dans ces processus mécaniques par le choc des corps célestes en rotation, sont représentées par de nouvelles forces vives qui amènent le mouvement des masses de poussière cosmique engendrées, ainsi que la néoformation de sphères en rotation. » Le choc, en effet, disperse une sorte de poussière cosmique par suite du brisement des corps célestes, et de cette poussière il fait de nouveaux corps que fait mouvoir la chaleur transformée en travail mécanique (1).

C'est ainsi que le Soleil a été détaché d'un énorme centre de condensation céleste, par une rupture de cette condensation. Et la Terre, à son tour, est sortie de la grande masse solaire. Elle n'est, dit encore Haeckel, qu' « une minuscule poussière de soleil, pareille aux autres incalculables millions de ces poussières qui se pourchassent dans l'espace infini ».

D'une façon précise, la science explique comment la Terre s'est séparée du Soleil et elle fait son histoire pour la *période inorganique*. Il y a de cela des millions de siècles. Ce fut d'abord un anneau nébuleux, produit au renflement de l'équateur du corps solaire et détaché par le mouvement de rotation. Cet anneau, une fois jeté dans l'espace, se condensa, se resserra, se changea en une sphère à l'ignition puissante. La nébuleuse devint une masse en fusion, qui continua à se refroidir et se couvrit, par ce refroidissement, de la mince écorce terrestre que nous habitons. Cette écorce elle-même fut enveloppée de vapeurs, dont le refroidissement forma les premières gouttes d'eau liquide. Dès lors la vie organique pouvait apparaître.

L'eau, en effet, travailla et modifia profondé-

____

(1) En 1901, une étoile apparut subitement dans la constellation de Persée. On la nomma la Nova. Son éclat était merveilleux. L'étude au spectroscope révéla que des explosions de matière lumineuse se produisaient dans cet astre. Le savant lord Kelvin et d'autres astronomes expliquèrent l'apparition de cette étoile et les phénomènes d'explosion observés par le choc de deux étoiles. (*Revue scientifique*, 1er décembre 1906.)

ment l'écorce terrestre et les diverses couches
dont elle se compose. Et la science nous dit encore : « Oui, par la goutte d'eau, il y eut la vie sur
la terre, bien avant l'homme ! » La géologie et la
paléontologie, dont les progrès furent merveilleux
au dernier siècle, ont découvert et minutieuse-
ment étudié, dans les terrains primitifs, les restes
d'êtres vivants disparus, plantes et animaux. Elles
nous ont révélé, dans l'histoire écrite par la nature elle-même, dans son témoignage gravé sur
le roc, le processus des organismes et de la vie.
C'est le tableau prestigieux de l'évolution végétale, animale et humaine.

Et la science nous dit aussi quelle fut l'origine
de la *vie organique*, comment furent formés les
premières plantes et les premiers animalcules. Le
génial savant français Lamarck, en 1809, dans son
glorieux livre : la *Philosophie zoologique*, donna
la solution de l'énigme de l'univers la plus difficile.
La vie organique procède des forces inorganiques,
c'est une seule et même énergie qui fait le mouvement des corps inorganiques et la vie des corps
organisés. Il n'y eut point, au début, par la féerie
de la création, un surgissement d'innombrables
espèces de plantes et d'animaux sur la terre, mais
un premier type, très simple, sorti par une action
chimique, par génération spontanée, de la matière inorganique. Toutes les espèces du monde
végétal ou animal proviennent, par descendance
et transformations graduelles, de cette forme primitive commune. Les ressemblances entre les espèces voisines sont établies par l'*hérédité* ou le
rattachement à la même forme primitive, puis à

des formes ancestrales successives ; les dissemblances sont nécessitées par *l'adaptation* à des milieux et à des conditions de vie différentes.

Et Lamarck n'hésitait pas à comprendre l'homme dans cette descendance. Il admettait que l'espèce humaine eût été produite par la transformation d'ancêtres mammifères, et particulièrement des singes.

La science a confirmé ces vues géniales. D'une part les laboratoires de chimie physiologique ont prouvé l'unité de la force inorganique et de la vie organique. D'autre part, Darwin, Huxley et Haeckel ont invinciblement démontré la théorie de la descendance ou de l'évolution.

« La chimie physiologique, déclare Haeckel, par d'innombrables analyses, a établi, au cours de ces quarante dernières années, les cinq faits suivants :

« 1° Dans les corps naturels *organiques*, il n'entre pas d'éléments qui ne soient pas *inorganiques* ;

« 2° Les combinaisons d'éléments particulières aux organismes et qui déterminent leurs *phénomènes vitaux*, consistent toutes en composés de *plasma*, du groupe des albuminoïdes ;

« 3° La vie organique elle-même est un *processus physico-chimique*, fondé sur des échanges nutritifs entre ces plasmas albuminoïdes ;

« 4° L'élément qui seul est capable de construire ces albuminoïdes complexes en se combinant à d'autres éléments (oxygène, hydrogène, azote, soufre), c'est le carbone ;

« 5° Les combinaisons de plasma à base de carbone se distinguent de la plupart des autres combinaisons chimiques par leur structure moléculaire très complexe, par leur instabilité et par l'état gonflé de leurs agrégats. »

Ces combinaisons de plasma ou premiers êtres vivants, sont appelés *monères*. Dans ces *monères*, se fait une différenciation entre une sphère molle enveloppante et un noyau interne qui a une certaine solidité : à ce degré de conformation les *monères* deviennent des *cellules*. Et dès lors, par l'agencement et les modifications multiples des *cellules*, se constituent tous les organismes végétaux et animaux, les uns procédant des autres par transformation, selon les lois de la descendance et de l'évolution.

Darwin a complété ces lois découvertes par Lamarck. Avec une abondante documentation et une extrême rigueur scientifique, en 1859, dans son livre : *l'Origine des espèces*, il a montré que tous les êtres organisés « luttent pour la vie » et que, par « sélection naturelle », les espèces les mieux organisées survivent seules, tandis que les autres doivent disparaître. C'est un autre savant, Thomas Huxley, qui osa aller jusqu'aux extrêmes conséquences de la doctrine de Darwin et, après avoir repris dans sa *Descendance de l'homme* la théorie de notre origine végétale et animale, proclama : « L'homme descend du singe. »

Thomas Huxley, dès 1863, avait marqué non seulement la similitude, mais l'identité absolue de l'anatomie et de la physiologie des quatre singes anthropoïdes qui vivent encore, le gibbon et l'orang-outang en Asie, le chimpanzé et le gorille

en Afrique, et de celles de l'homme : même nombre et identité des os (200) de la charpente os-
seuse ; même nombre et identité des muscles (300)
qui meuvent les parties isolées du squelette;
mêmes glandes mammaires ; même dentition;
même cœur à quatre cavités et même circulation ;
mêmes organes de reproduction ; mêmes groupes
de cellules ganglionnaires dans le cerveau, pour
les fonctions supérieures de l'intelligence.

D'où cette affirmation scientifique : « Les différences d'un organe quelconque chez le singe
anthropoïde et chez l'homme sont moindres que les
différences correspondantes chez les singes infé-
rieurs et chez le singe anthropoïde. » Donc si
celui-ci descend de ceux-là, à plus forte raison
l'homme doit-il descendre de l'anthropoïde.

Cependant l'homme ne se rattache à aucune
des espèces actuellement existantes d'anthropoïdes. Son ancêtre immédiat manque ; c'est le
« membre manquant » de notre généalogie, comme
disent les savants. Cet ancêtre, l'anthropopithèque
ou l'homme-singe, a pourtant bien existé. Il a été
découvert tout récemment à l'état fossile par le
docteur hollandais E. Dubois, dans l'île de Java.
On a pu reconstituer son squelette (1).

(1) « La belle île tropicale de Java est depuis longtemps célèbre à cause de ses éruptions volcaniques.
Pendant la période tertiaire, toute une partie du pays
fut recouverte d'une fine masse de cendres, comme dans
les temps historiques Pompéi par le Vésuve. Un nombre
considérable d'êtres vivants furent ensevelis, leurs osse-
ments restèrent enfouis dans la masse volcanique et les
eaux qui, plus tard, se frayèrent par là leur chemin, les
charrièrent vers un endroit qu'on appelle aujourd'hui

Enfin une preuve scientifique irrécusable a été fournie par les fameuses expériences sur la *parenté du sang*, du docteur H. Friedenthal, de Berlin. La parenté naturelle des animaux implique toujours une parenté chimique du sang, et inversement. Si, par exemple, on mélange le sang vivant de deux animaux pris dans une même famille, du chien et du renard, du lapin et du lièvre, les glo-

Trinil. C'est à travers la grande masse de gravois laissée là par l'éruption que coule encore la rivière Banganan. En 1891, un médecin hollandais, Eugène Dubois, fit des fouilles sur les bords de cette rivière et découvrit des masses énormes de fossiles de ces grands mammifères de la période tertiaire qui ne vivent plus aujourd'hui dans l'île, notamment des éléphants et des hippopotames. Parmi ces restes, Dubois trouva un fémur, une boîte crânienne et une paire de dents molaires d'une créature tout à fait étrange, qui devait de toute évidence avoir vécu à cette époque primitive et avoir trouvé la mort lors de cette éruption volcanique.

« Cette créature devait avoir une très grande ressemblance avec l'homme. Elle avait largement sa taille. Son fémur prouvait que c'était celui d'un être marchant habituellement debout. Il ressemblait tellement à celui d'un homme, qu'un grand nombre d'anatomistes distingués, parmi lesquels Virchow, n'hésitèrent pas à déclarer que c'était une véritable « jambe humaine ». Il n'en fut pas de même quant au crâne. Aplati, la région frontale déprimée, les arcades sourcillières proéminentes, ce crâne avait, mais en les exagérant encore, tous les caractères de celui du Neanderthal. Cette exagération allait même si loin que le type humain se perdait entièrement pour faire place à un type nouveau. Le crâne de Trinil ressemblait d'une manière étonnante à un crâne de singe. Et il était même possible de déterminer l'espèce dont il se rapprochait le plus, un singe qui vit encore aujourd'hui dans l'Asie méridionale, le gibbon. Le gibbon est proche parent de l'orang-outang, du gorille, du chimpanzé. Cependant toutes les espèces aujourd'hui vivantes sont beaucoup plus petites que cette créature extraordinaire de Trinil. Ce vieux crâne ressemblait de tant de manières à celui d'un gibbon qu'un grand nombre d'au-

bules du sang de l'un et de l'autre animal demeurent inaltérables. Au contraire, si l'on mélange le sang vivant de deux animaux éloignés, du chien et du lapin, du renard et du lièvre, il y a lutte; le sérum de l'un décompose, détruit les globules sanguins de l'autre. En mélangeant le sang du singe anthropoïde et de l'homme, le docteur Friedenthal a constaté une parfaite inaltérabilité. La parenté chimique du sang est donc certaine et, par conséquent, la parenté naturelle (1).

tres savants, très compétents aussi, déclarèrent qu'il appartenait à une espèce disparue de gibbons à taille humaine.

« Cependant cette hypothèse ne devait pas se confirmer. On remplit de plâtre l'intérieur du crâne pour mesurer la capacité du cerveau. On obtint un chiffre tenant à peu près le milieu entre celui d'un gorille et celui d'un Australien du plus bas degré de culture, bien au-dessus du gibbon par conséquent, sans cependant atteindre l'homme actuel ou même l'homme de l'époque glaciaire. Qu'était donc cette créature ? Les savants formèrent deux partis. « C'est un homme très ressemblant au gibbon », dirent les uns. Et les autres déclarèrent : « C'est un gibbon très ressemblant à l'homme ». M. Dubois, qui avait fait la trouvaille, choisit un terme moyen; il baptisa sa créature du nom hybride de *Pithecanthropus*, ce qui veut dire en français : le singe homme. » (GUILLAUME BÖLSCHE, *la Descendance de l'Homme*, traduction de Victor Dave.)

(1) Quiconque a jamais observé une goutte de sang sous un fort grossissement, sait que « ce jus tout spécial » (expression de Gœthe dans *Faust*) se compose d'un mélange de deux éléments : d'abord du liquide sanguin proprement dit, et puis de petits globules de sang nageant dans ce liquide. En examinant successivement ces gouttelettes de sang chez des animaux différents, on remarque qu'elles offrent de grandes variétés de forme entre elles : elles sont tantôt petites, tantôt assez grandes, tantôt oblongues, tantôt rondes ; bref, elles diffèrent sensiblement dans le poisson ou la salamandre, dans l'oiseau ou le mammifère. Cela n'a rien d'étonnant, puisque tous ces animaux sont forcément dissemblables.

Les médecins ont même pu faire avec succès la transfusion du sang de l'homme chez le singe.

Voilà les preuves de la science !

« Cette particularité dans la composition du sang de chacun de ces animaux fait qu'on ne peut pas transfuser impunément le sang vivant d'un animal dans le système sanguin d'un animal de genre différent. C'est comme si les deux espèces de sang luttaient entre elles, le liquide sanguin de l'un détruisant les globules sanguins de l'autre. L'animal dont le sang a été mélangé artificiellement avec du sang étranger, ressent bientôt les suites fatales de cette lutte dans ses veines ; il est en proie à d'affreuses convulsions, dépérit rapidement et meurt, semblable à une ville qui brûle, lorsqu'une guerre civile terrible s'est déchaînée dans ses rues. Et c'est le cas aussi chez des animaux qui, en général, sont assez proches les uns des autres, comme, par exemple, chez les mammifères. Le sang d'un chat injecté dans un lapin tue celui-ci et *vice versa*. Mais enfin il y a une limite. Le sang d'un chat ne tue pas un autre chat. Des animaux de très proche parenté peuvent mélanger leur sang : le chien et le loup, par exemple, ou le cheval et l'âne.

« Un savant berlinois, M. Friedenthal, s'avisa enfin de mélanger le sang du singe avec celui de l'homme. Aussi longtemps que l'on prit, pour cette expérience, le sang d'un singe de race inférieure, le sang de l'homme et celui du singe se comportèrent comme un poison l'un pour l'autre ; mais lorsqu'on mêla le sang humain au sang du chimpanzé, il y eut paix entre les deux. La limite était franchie ! Le sang humain et le sang du singe anthropoïde étaient de nature tellement intime qu'ils s'accordaient sans le moindre inconvénient. Pourquoi cela ? Ce n'était plus ici une comparaison entre des fossiles. C'est la nature « vivante » qui nous répondait, la vie secrète, la « chimie » du sang qui témoignait simplement de sa parenté, — une véritable parenté du sang, dans l'acception la plus audacieuse du mot. » (GUILLAUME BÖLSCHE, *la Descendance de l'Homme*, traduction de Victor Dave.)

XIV. — Délivrés des fantômes.

Elle est donc pour nous la grande libératrice. Par sa clarté rayonnante elle rejette hors des immenses espaces enfin explorés, plus loin que les farouches nuées dont se dissipe le spectre tragique, le Dieu qui, nous ayant fait d'un peu de boue, nous regardait traîner lamentablement cette humiliante misère et épiait la moindre de nos faiblesses pour nous accabler aussitôt de sa vengeance. Avec le Dieu sinistre, elle repousse son cortège d'impostures et de terreurs sacrées, les prêtres, bourreaux de cette vie, et les diables, bourreaux de la vie éternelle. Nous pouvons désormais contempler le ciel aux astres d'or sans y voir grimacer l'horrible fantôme, et nous pouvons cueillir les fleurs, les fruits de la terre bonne et joyeuse, sans craindre que de ses flancs l'enfer ne surgisse pour empoisonner le printemps et l'amour.

Seigneur, de toi enfin nous sommes délivrés !

30-7-07. — Tours, imp. E. Arrault et Cie.

Librairie de LA RAISON

SOCIÉTÉ D'ÉDITIONS LITTÉRAIRES, SCIENTIFIQUES ET SOCIALES

5, place de l'Odéon, PARIS 6ᵉ

NOUVEAUTÉS ★ VIENT DE PARAITRE

VOLTAIRE

Collection rationaliste

Les Questions de Zapata

TRADUITES

PAR LE SIEUR TAMPONET
DOCTEUR DE SORBONNE

avec une Introduction
par
Victor CHARBONNEL

PRIX : **50** cent.

Il faut relire Voltaire. Son bon sens et sa fine raillerie sont toujours salutaires à nos esprits qu'embrouilla l'imposture. Sans doute, la science et la critique exégétique du dernier siècle nous ont fourni, contre la Bible, les Évangiles et les définitions des conciles, contre tout le dogmatisme chrétien, des arguments de discrédit plus documentaires, mais qui n'ont fait que confirmer la sagesse sarcastique des « philosophes ».

Entre toutes les œuvres voltairiennes, les QUESTIONS DE ZAPATA sont peut-être pour nous la plus savoureuse et, pour les défenseurs des croyances absurdes, la plus cruellement embarrassante et humiliante. Voltaire, par la fiction d'un licencié en théologie qui soumet des « questions » difficiles aux docteurs de l'Université de Salamanque, relève avec un ordre rigoureux les erreurs, les sottises, les contradictions, les immoralités qui abondent dans les livres divins. Il demande comment ce fatras misérable peut être l'œuvre de Dieu. Et cette conclusion de la 51ᵉ question s'impose pour tout l'opuscule : « S'il y avait un mensonge dans un livre sacré, ce livre serait-il sacré ? » Or, Voltaire fait une énumération interminable de mensonges.

L'absurdité dogmatique n'en a guère moins opprimé la conscience humaine depuis cent cinquante ans. Des générations nombreuses, malgré le rire et la raison de Voltaire, ont été élevées dans le respect des saintes Écritures et des docteurs en théologie. Nous devons donc reprendre l'avertissement ancien, le renouveler sans cesse. On nous dit parfois que le catholicisme, vérité ou imposture, fut la longue tradition, qu'il est l'hérédité de notre race, et qu'à ce titre nous ne saurions le détruire sans atteindre la vitalité française. Étrange apologétique, à laquelle nous répondrons en relisant et faisant lire les philosophes du GRAND SIÈCLE.

VICTOR CHARBONNEL.

Librairie de LA RAISON

SOCIÉTÉ D'ÉDITIONS LITTÉRAIRES, SCIENTIFIQUES ET SOCIALES

5, place de l'Odéon, PARIS 6e

Notre Collection Rationaliste

Guerre à la Guerre, par H. HARDUIN, du *Matin*............ **0 fr. 50**

M. Harduin est, sans conteste, l'un des écrivains les plus fins, les plus agréables et les plus hardis de la presse contemporaine. Il a le souci de ne jamais ennuyer et toujours il réussit à plaire, en obligeant à réfléchir. Ses critiques contre les horreurs de la guerre sont un chef-d'œuvre d'esprit et de sage raison.

Le Gorilloïde, par EDMOND HARAUCOURT...................... **0 fr. 50**

Dans une fiction grandiose et charmante, M. Edmond Haraucourt expose de piquantes considérations sur l'homme, son origine, son évolution et sur les divers problèmes que la Science, à ce sujet, s'efforce de résoudre.

Sensations de Vie, par VICTOR CHARBONNEL...................... **0 fr. 50**

M. Victor Charbonnel, dans une forme exquise, montre que les beautés de la nature peuvent, mieux que les rêveries mystiques, enchanter notre imagination et élever notre pensée. L'originalité de la vision, la grâce poétique du style font de ces pages une belle œuvre littéraire.

Petit Manuel des Esprits forts, par CH. BEAUQUIER............ **0 fr. 20**

M. Ch. Beauquier a vraiment le don de la simplicité et de la clarté. Il met à la portée de tous la polémique la plus savante contre les doctrines et les gens d'Eglise. Dès qu'on a lu cette œuvre de bon sens, on reconnaît l'imposture cléricale. — I. LE JUDAÏSME. — II. LE CHRISTIANISME ; le Catholicisme ; le Protestantisme. — III. LE CULTE ; les prêtres ; le Pape ; la Prière ; la Messe ; la Confession ; la Communion.

Voyage humoristique à travers les Religions et les Dogmes, par N. SIMON, 2 vol. de 200 pages chacun. Prix des 2 vol........ **0 fr. 70**

M. N. Simon, en ces dernières années, a été le plus redoutable destructeur des crédulités niaises du peuple et des mensonges lucratifs du clergé. Il tue par le ridicule. C'est le Voltaire de notre République. Sur les légendes de la Bible, sur la vie et l'enseignement de Jésus, sur le paradis, le purgatoire, l'enfer, sur les rites catholiques, sa verve est intarissable et sa documentation fort instructive.

De l'Exploitation des Dogmes par le Clergé (Fétichisme, Catholicisme), par N. SIMON...... **0 fr. 35**

I. Où il est démontré que Jésus n'a aucunement voulu fonder une religion et que le christianisme a été créé par le prêtre et dans son unique intérêt. — II. Fétichisme et christianisme ; les saints spécialistes ; les reliques. — III. Le temple et le prêtre. — IV. La révélation ; le Sacré-Cœur ; saint Antoine de Padoue ; la Salette ; Lourdes. — V. Les richesses des congrégations la bonne sœur. — VI. Ménage à trois ; la confession. — VII. De l'exploitation des anges ; on demande à acheter un ange vivant. — VIII. De l'anthropophagie catholique. — IX. De l'exploitation du baptême. — X. Exploitation du purgatoire : les messes ; les indulgences. — XI. De l'exploitation par le christianisme de la morale païenne. — XII. Le scapulaire. — XIII. Le chapelet ; les cierges ; les médailles ; les quêtes ; le denier de Saint-Pierre ; le budget des cultes. — XIV. Ecole et église ; instituteur et curé. — XV. Du mépris dû aux religions ; le patriotisme et la libre pensée.

Sorcellerie chrétienne, par N. SIMON .... **0 fr. 35**

Ce dernier ouvrage de M. N. Simon est une critique très spirituelle des cérémonies d'église et des pratiques confessionnelles : baptême, communion, mariage religieux, enterrement par les prêtres. C'est un livre qu'il faut lire et faire lire pour que s'accomplisse la séparation la plus importante, celle de l'Eglise et de la Famille.

Le Bon Sens en face du Dogme et de la Morale, par PIERRE MARTEL (20e mille)............ **0 fr. 30**

L'ouvrage de M. Pierre Martel, qui devrait être entre les mains de tous les libres penseurs, est un chef-d'œuvre de clarté et de raison. L'auteur ne se contente pas de montrer l'absurdité des dogmes et l'insuffisance ou même l'immoralité de la morale religieuse ; il énonce les principes de la philosophie scientifique et de la morale laïque. C'est une des meilleures études que l'on puisse faire lire, à cause de la modération du ton, aux croyants qui commencent à douter.

Le Christ au Vatican, poème qui fut attribué à VICTOR HUGO. **0 fr. 30**

C'est une satire admirable d'ironie et d'éloquence contre les richesses du

LIBRAIRIE DE **LA RAISON**

SOCIÉTÉ D'ÉDITIONS LITTÉRAIRES, SCIENTIFIQUES ET SOCIALES

5, place de l'Odéon, PARIS-6ᵉ.

Nouvelles Publications　　　　　　Victor CHARBONNEL

La Vérité
sur le Vatican
PALAIS ET CAVERNE

ILLUSTRÉ DE NOMBREUX DESSINS

PRIX : 0 fr. 60

On trouvera, dans cette étude sur le Vatican, son organisation administrative et financière, les mœurs de ses prélats, une extraordinaire diversité de révélations très piquantes, établies par les documents ecclésiastiques officiels. C'est une brochure qu'il faut faire connaître aux catholiques respectueux, par ignorance, de l'imposture et des vices abominables de Rome.

SOMMAIRE

Rome ! — Le Vatican, ce n'est point Rome ! — Le Ghetto du Transtevère. — Hors de Rome et du monde. — L'Idole chargée de pierreries. — Le jeune cardinal des appartements Borgia. — Un autre vicaire de Dieu. — Les amis du prince Laforge de Vittenval et du chanoine Rosemberg. — Les Scagnozzi et leurs enfants de chœur. — Travaux des congrégations cardinalices. — L'index dont on se moque. — La Science dangereuse. — La vente des Indulgences. — La vente des annulations de mariage ou constats d'impuissance. — Décorations du pape. — L'Ordre des avocats de Saint-Pierre et le ménage Lautier. — Entôlages sacrés. — Noblesse du pape à tous les prix. — La Ruine. — Un monde qui s'en va.